Gebrüder Grimm

Der Gestiefelte
Kater

Das Tapfere
SCHNEIDERLEIN

bearbeitet von
Anette Müller

Redaktion : Renate Roettgen, Jacqueline Tschiesche
Computerlayout : Sara Blasigh
Projektleitung und Graphik : Nadia Maestri
Illustrationen : Fabio Visintin

Erstausgabe: Mai 2003

Trotz intensiver Bemühungen konnten nicht alle Inhaber von Text- und Bildrechten ausfindig gemacht werden. Für entsprechende Hinweise ist der Verlag dankbar.

Wir würden uns freuen, von Ihnen zu erfahren, ob Ihnen dieses Buch gefallen hat. Wenn Sie uns Ihre Eindrücke mitteilen oder Verbesserungsvorschläge machen möchten, oder wenn Sie Informationen über unsere Verlagsproduktion wünschen, schreiben Sie bitte an:
e-mail: redaktion@cideb.it
www.cideb.it

TEXTBOOKS AND TEACHING MATERIALS

The quality of the publisher's design, production and sales processes has been certified to the standard of
UNI EN ISO 9001

ISBN 88-7754-961-0 Buch
ISBN 88-7754-962-9 Buch + CD

Gedruckt in Genua, Italien, bei Litoprint

Inhalt

Das Tapfere Schneiderlein

53

Die CD enthält den kompletten Text.
Die Symbole kennzeichnen den Anfang der Hörtexte.

Die Brüder Grimm

Wilhelm und Jacob Grimm im Jahre 1829.
Zeichnung von Ludwig E. Grimm.

Am 4. Januar 1785 und am 24. Februar 1786 werden Jakob
Ludwig Carl Grimm und sein Bruder Wilhelm Karl in Hanau in
Hessen geboren. Später folgen noch drei Brüder und eine
Schwester. 1796 stirbt der Vater und ihre sorglose Kindheit
endet. Bald müssen sie auch ihr Haus verlassen.

Henriette Zimmer, eine Schwester der Mutter, kümmert sich
um die Familie. Sie nimmt Jakob und Wilhelm 1789 bei sich
in Kassel auf, so dass sie auf die Schule gehen können. Beim
Eignungstest sind beide nicht besonders gut. Jakob kommt in die

Blick aus der
Grimmschen Wohnung
auf die Kasseler
Marktgasse.
Aquarell von Ludwig
E. Grimm, 1842

unterste Klasse, und Wilhelm muss ein Jahr lang Nachhilfestunden nehmen. Durch Fleiß werden beide aber bald zu den Besten ihrer Klassen. In ihrer Freizeit lesen sie gerne Bücher oder malen Pflanzen und Tiere. Die Brüder haben ihr ganzes Leben eine enge Beziehung zueinander. Aber sie sind sehr unterschiedlich: Jakob ist schlank, hat ein fein geschnittenes Gesicht, lockiges Haar und einen scharfen, strengen Blick. Wilhelm ist sein ganzes Leben lang kränklich; er ist größer, hat ein rundes, weiches Gesicht mit großen Augen.

1802 studiert Jakob an der Universität in Marburg. Doch ohne seinen

Bruder Wilhelm fühlt Jakob sich sehr einsam[1]. Am Studentenleben nimmt er wenig teil und bekommt deshalb den Spitznamen „der Alte". Ein Jahr später folgt Wilhelm. Beide sind froh, dass sie wieder zusammen sind.

Durch Prof. Savigny lernen die Brüder Clemens Brentano, Achim von Arnim und andere aus dem Kreis der Romantiker kennen. Brentano und Arnim sammeln deutsche Volkslieder, und die Brüder sind so begeistert, dass sie ihnen dabei helfen. 1807 stirbt die Mutter. Jakob wird mit 23 Jahren zum Familienoberhaupt.

Der Bruder Napoleons, Jerome Bonaparte, wird König von Westfalen und Kassel wird Hauptstadt. Jakob Grimm arbeitet jetzt als königlicher Verwalter der Bibliothek. In dieser Zeit erkrankt Wilhelm, er hat Schmerzen in der Brust.

1805 veröffentlichen Brentano und Arnim eine Volksliedsammlung. Sieben Jahre später, am 20. Dezember 1812, bringen die Brüder Grimm ihre „Kinder und Hausmärchen" heraus. Die Märchen sind nicht für Kinder, sondern für Erwachsene gedacht. Wilhelm ist der Hauptsammler und Redakteur der Märchen. Die Zeichnungen dazu macht Ludwig Grimm, ein weiterer Bruder von ihnen. Die Kinder von Savigny sind so begeistert, dass die Brüder Grimm 1814 einen zweiten Band herausgeben.

Die Brüder haben sich inzwischen auch in den Kreisen der Gelehrten einen Namen gemacht. Sie lernen Humboldt, Schlegel, Tieck, Schleiermacher und Schopenhauer kennen.

1822 erscheinen die Märchen auch in englischer Sprache.

Jakob Grimm beschäftigt sich mit Altertumskunde [2], Grammatik, Literatur- und Sprachgeschichte. Außerdem arbeitet er an einem

1. **einsam** : allein.
2. **e Altertumskunde** : e Lehre von der Antike.

„Deutschen Wörterbuch". Jakob und Wilhelm Grimm arbeiten nun beide als Professoren an der Universität und siedeln 1829 nach Göttingen über.

Wilhelm erkrankt schwer an einer Lungenentzündung. Sie kostet ihn fast das Leben. Eine dritte Ausgabe der Märchen erscheint 1840.

1841 ziehen die Brüder nach Berlin um. Dort halten sie Vorlesungen [1] an der Universität. Wilhelm stirbt am 16. Dezember 1859, und am 20. September 1863 stirbt auch Jakob.

1 **Was steht im Text? Bitte kreuze an!**

		R	F
1.	Die Brüder Grimm hatten eine sorglose Kindheit.	☐	☐
2.	Jakob und Wilhelm wuchsen bei einer Schwester ihrer Mutter auf.	☐	☐
3.	Die Brüder gingen nicht gern in die Schule.	☐	☐
4.	Die zwei Brüder hatten ein gutes Verhältnis zueinander.	☐	☐
5.	Beide waren ihr Leben lang krank.	☐	☐
6.	Jakob und Wilhelm studierten in Marburg.	☐	☐
7.	In Marburg lernten sie Brentano und Arnim kennen.	☐	☐
8.	Brentano und Arnim gehörten zum Kreis der Romantiker.	☐	☐
9.	1805 veröffentlichten die Brüder Grimm eine Volksliedsammlung.	☐	☐
10.	Die Märchensammlung der Grimms erschien das erste Mal 1812.	☐	☐
11.	Die Märchen hatten keinen Erfolg.	☐	☐

---

1. **e Vorlesung** : eine Lektion an der Universität.

Der Gestiefelte Kater

Kapitel 1

Es war einmal ein Müller. Der Müller hatte drei Söhne, eine Mühle, einen Esel und einen Kater. Die Söhne mussten in der Mühle arbeiten, der Esel die Mehlsäcke tragen und die Katze Mäuse fangen.

Als der Müller starb, teilten sich die drei Söhne die Erbschaft [1]: Der Älteste bekam die Mühle, der Zweite den Esel, der Jüngste den Kater.

Der jüngste Sohn aber war traurig und sprach zu sich selbst: „Mein ältester Bruder kann Korn [2] mahlen, mein zweiter Bruder kann auf seinem Esel reiten, was kann ich

1. **e Erbschaft** : die Sachen, die man nach dem Tod einer Person bekommt.
2. **s Korn** : Getreide, Zerealien. (Pl.)

Der Gestiefelte Kater

mit dem Kater anfangen? Ich kann mir ein Paar
Handschuhe aus seinem Fell [1] machen lassen, aber das ist
auch alles." Der Kater verstand die Menschensprache und
sagte zum Sohn: „Hör! Warum sollst du mich für ein Paar
schlechte Handschuhe töten? Lass mir nur ein Paar Stiefel
machen, dann kann ich ausgehen und dir helfen." Der
Müllersohn wunderte sich, dass der Kater sprechen konnte.
Aber da ging gerade der Schuster [2] vorbei, so rief er ihn
herein und ließ dem Kater ein Paar Stiefel machen. Als die
Stiefel fertig waren, zog sie der Kater an. Dann nahm er
einen Sack voll Korn, nahm ihn auf den Rücken und ging
zur Tür hinaus.

1. **s Fell** : Haare eines Tieres.
2. **r Schuster** : ein Mann, der Schuhe repariert.

Textverständnis

Was steht im Text? Bitte kreuze an.

	R	F
1. Die Söhne mussten die Mehlsäcke forttragen.	☐	☐
2. Der Müller starb, und der jüngste Sohn bekam den Kater.	☐	☐
3. Der jüngste Sohn war froh, dass er den Kater bekam.	☐	☐
4. Der Kater sprach mit dem Sohn.	☐	☐
5. Der Kater wollte ein Paar Stiefel.	☐	☐
6. Der Kater nahm die Stiefel, den Sack und ging weg.	☐	☐

Einige Sätze sind inhaltlich falsch. Bitte korrigiere sie und schreibe sie richtig.

Grammatik

2 Präteritum und Partizip Perfekt
In dieser Tabelle findest du Verben im Infinitiv. Suche das
Präteritum dieser Verben im Text und trage es in die Tabelle
ein. Sicherlich erinnerst du dich noch an das Partizip Perfekt.
Trage es auch in die Tabelle ein.

Infinitiv	Präteritum	Hilfsverb + Partizip Perfekt
bekommen	bekam	hat bekommen
müssen		
sterben		
haben		
sein		
sprechen		
verstehen		
sagen		
sich wundern		
vorbeigehen		
hereinrufen		
lassen		
anziehen		
nehmen		
werfen		
gehen		

Wortschatzarbeit

3 Familiennamen
Die folgenden Familiennamen sind auch Berufe. Kennst du ihre
Bedeutung? Wer tut was?

1. Müller	a.	8	fischt Fische
2. Schneider	b.	1	hat eine Mühle und mahlt Mehl
3. Schuhmacher	c.	5	verkauft Fleisch
4. Gärtner	d.	6	kocht das Essen
5. Fleischer	e.	3	macht oder repariert Schuhe
6. Koch	f.		näht Kleider
7. Bauer	g.		baut Dächer
8. Fischer	h.	4	pflanzt und pflegt Blumen
9. Zimmermann	i.	7	baut Gemüse an, lebt auf einem Bauernhof
10. Weber	j.		webt Stoffe für Kleider

1	2	3	4	5	6	7	8	9	10
B									

4 **Kreuzworträtsel**

Waagerecht

1. ihm gehört die Mühle
3. fängt Mäuse
5. trägt man im Winter an den Händen (Singular)
6. macht/repariert Schuhe
10. Körperteile (Plural)

Senkrecht

2. trägt die Säcke
4. bekommt man nach dem Tod einer Person
7. trägt man im Winter an den Füßen
8. in der Mühle wird es zu Mehl
9. das braucht man zum Transport von Mehl

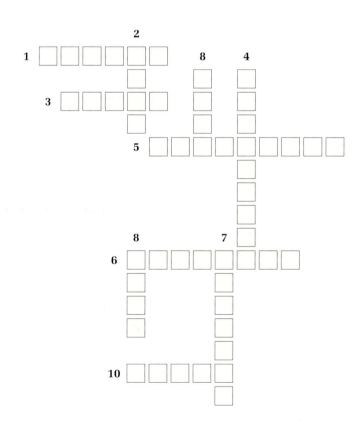

Kapitel 2

ls der Kater in einen Wald kam, machte er den Sack auf und verteilte das Korn. Dann versteckte er sich hinter einem Baum und wartete. Es dauerte nicht lange, da kamen die Fasane auch schon gelaufen, fanden das Korn und hüpften ¹ in den Sack hinein. Als alle Fasane im Sack waren, nahm der Kater den Sack, machte ihn gut zu und ging zum Schloss des Königs.

Der Kater wusste nämlich, dass der König sehr, sehr gern Fasane aß. Als er zum König kam, sagte er:

„Mein Herr, der Graf von Carabas, schickt Ihnen diese Fasane; er hat sie gerade gefangen."

---

1. **hüpfen** : springen.

Der Gestiefelte Kater

Der König freute sich über die schönen dicken Fasane, denn Fasane waren sein Lieblingsessen. Er schenkte dem Kater viele große Goldmünzen sagte: „Bring das deinem Herrn und dank ihm vielmals für sein Geschenk."

So ging der Kater nun jeden Tag zum Schloss, brachte Fasane und bekam Gold dafür. Das Gold gab er dem Müllersohn. Der freute sich sehr darüber. Eines Tages hörte der Kater, dass der König eine Spazierfahrt mit seiner Tochter machen wollte. Der Kater lief schnell nach Hause und sagte zu seinem Herrn: „Komm sofort mit zum See, der König macht eine Spazierfahrt!" Der Müllersohn zog seine Jacke an und ging mit dem Kater zum See.

Textverständnis

1 **Was steht im Text? Bitte kreuze an.**

	R	F
1. Der Kater ging in den Wald und fing Fasane.	☐	☐
2. Der König aß nicht gerne Fasane.	☐	☐
3. Der König schenkte dem Kater Gold.	☐	☐
4. Der Kater brachte einmal in der Woche Fasane ins Schloss.	☐	☐
5. Der Kater und der Müllersohn gingen fischen.	☐	☐
6. Der König wollte mit seiner Tochter eine Spazierfahrt machen.	☐	☐

Einige Sätze sind inhaltlich falsch. Bitte korrigiere sie und schreibe sie richtig.

Hörverständnis

4 **2** **Höre den Text von der CD und trage die fehlenden Wörter ein!**

Der Kater 1.................... in einen 2.................... und 3....................
das Korn. Dann 4.................... er sich hinter einem 5....................
und 6.................... auf die 7.................... . Bald 8.................... er
viele 9.................... Fasane. Er 10.................... die Fasane und
11.................... sie zum 12.................... des Königs. Der König
13.................... gern Fasane. Er 14.................... ihm viele
15.................... . Der Kater 16.................... sich sehr über die
17.................... Goldmünzen.

Grammatik

3 **Präteritum und Partizip Perfekt**
Fülle die Tabelle wie in Kapitel 1 aus.

Infinitiv	Präteritum	Hilfsverb + Partizip Perfekt
kommen	kam	ist gekommen
finden		
wissen		
fangen		
bringen		
geben		
laufen		

Wortschatzarbeit

4 **Lieblingsessen**
Der König isst gerne Fasane. Sein Lieblingsessen sind Fasane.
Was isst du gerne, was ist dein Lieblingsessen?

- [ ] Salat
- [ ] Hähnchen mit Pommes frites
- [ ] Hamburger mit Ketchup
- [ ] Würstchen mit Kartoffelsalat
- [ ] Gemüsesuppe
- [ ] Nudeln mit Tomatensoße
- [ ] Brot mit Käse oder Schinken

Und was ist dein Lieblingsgetränk?

Einkaufszettel

5 Du bist in Deutschland und sollst einkaufen gehen. Leider hat der Supermarkt geschlossen. Du musst in ein Lebensmittelgeschäft gehen. Die Verkäuferin bedient dich. Sie fragt dich, was du möchtest. Was sagst du?

5   1 Stück   1 Kg

1 Glas   4   1 Kg

1 Kg   500 gr   4

Schreibschule

6 Woher hast du das Gold?
Du bist der Müllersohn, und der Kater bringt dir jeden Tag Gold. Natürlich freust du dich sehr, aber du möchtest wissen, woher der Kater das Gold hat. Schreib einen kurzen Dialog zwischen dir (Müllersohn) und dem Kater.

Kapitel 3

Am See angekommen, sagte der Kater zum Müllersohn: „Zieh deine Kleider aus und spring in den See." Der Kater aber nahm die Kleider und versteckte sie. Der Müllersohn wunderte sich sehr, stellte aber keine Fragen. Nach kurzer Zeit kam auch schon die Kutsche des Königs. Als der Kater den König sah, rief er: „Hilfe, Hilfe!" Die Kutsche hielt an und der König fragte: „Was ist passiert?" „Böse Räuber [1]

---

1. **r Räuber** : Dieb.

Der Gestiefelte Kater

haben meinem Herrn die Kleider gestohlen [1]!", antwortete der Kater. „Oh, ich lass dem Grafen sofort neue Kleider bringen", sagte der König und schickte einen Diener zum Schloss.

Bald kam der Diener mit den Kleidern zurück. Der Müllersohn zog die schönen neuen Kleider an: ein weißes Hemd, eine blaue Jacke und eine gestreifte Hose. Dann lud ihn der König zu einer Fahrt ein. In der Kutsche saß auch die Königstochter. Sie trug ein weißes Kleid und hatte lange blonde Haare.

Der Königstochter gefiel der „Graf" sehr gut, und auch der Müllersohn fand die Königstochter attraktiv. Der Müllersohn stieg also ein, der Kater aber lief der Kutsche eilig voraus.

---

1. **stehlen** : wegnehmen.

Textverständnis

1 Was steht im Text? Bitte kreuze an.

		R	F
1.	Der Müllersohn zog seine Kleider aus und sprang in den See.	☐	☐
2.	Der Kater versteckte die Kleider.	☐	☐
3.	Der Müllersohn stellte viele Fragen.	☐	☐
4.	Die Kutsche des Königs hielt nicht an.	☐	☐
5.	Ein Diener brachte dem Müllersohn neue Kleider.	☐	☐
6.	Der König lud den Müllersohn zu einer Spazierfahrt ein.	☐	☐
7.	Dem Müllersohn gefiel die Königstochter nicht.	☐	☐

Grammatik

2 Präteritum
Ergänze die Tabelle.

	springen	sehen	rufen	stehlen	sitzen	tragen	einladen
ich							lud ein
du		sahst				trugst	
er,sie, es				saß			
wir			riefen				
ihr							
sie				stahlen			
Sie	sprangen						

3 **Ergänze die Adjektivendungen.**

Es ist Sommer. Die Königstochter fährt ans Meer. Eine Dienerin
packt den Koffer für die Königstochter. Sie packt ein rot [1]............
Sommerkleid, einen dünn [2]............ Pullover, eine weiß [3]............
Hose, einen gelb [4]............ Bikini, ein gestreift [5]............
Handtuch, einen groß [6]............ Strohhut, eine schwarz [7]............
Sonnenbrille und ein interessant [8]............ Buch ein.

**Nach zwei Wochen kommt die Königstochter zurück. Sie möchte
jetzt ins Gebirge fahren, denn am Meer war es sehr heiß. Was
packt die Dienerin nun in den Koffer?**

Hörverständnis

6 **4** **Was zieht der Müllersohn an?**
**Bitte höre den Text von der CD und ergänze die fehlenden
Wörter.**

Der Diener kehrt [1]..................... Schloss zurück und holt
[2]..................... den Müllersohn neue Kleider. Er nimmt alles
[3]....................., was er finden [4].....................: ein [5].....................
....................., eine [6]..................... ...., einen braunen
[7]....................., eine [8]..................... ...., ein Paar rote
[9]....................., einen [10]..................... ...., ein
[11]..................... ...., eine [12]..................... ....,
eine [13]..................... ...., eine [14].....................
....................., eine [15]..................... ...., ein Paar dicke
[16]..................... und ein Paar [17]..................... Schuhe.

Wortschatzarbeit

5 Ferien im Ausland
Könige, Schlösser, Diener... Vielleicht fährst du in deinen Ferien
ins Ausland. In welchem Land gibt es heute noch eine
Königin/einen König? Bitte kreuze an.

England	Deutschland	Frankreich
in den Niederlanden	Griechenland	Schweden

in der Schweiz	Belgien	Italien
Portugal	Spanien	Österreich

Schreibschule

6 Du bist zum Angeln am See gewesen und hast alles gesehen. Am
Abend erzählst du deinen Freunden von dem König, dem
Müllersohn, von dem Kater und dass er sprechen kann. Schreib
einen kurzen Dialog zwischen dir und deinen Freunden.

....

....

....

....

Kapitel 4

7 Der Kater kam zu einem Kornfeld. Es war so groß, dass es niemand übersehen konnte. Mehr als zweihundert Leute standen auf dem Feld und schnitten das Korn.

„Wem gehört das Korn, ihr Leute?", fragte der Kater.

„Dem Zauberer [1]", antworteten die Bauern.

„Hört, jetzt wird der König vorbeifahren und wenn er fragt, wem das Korn gehört, so antwortet: dem Grafen. Wenn ihr das nicht tut, so werdet ihr alle sterben."

Nachdem der Kater mit den Bauern gesprochen hatte, lief er eilig weiter.

---

1. **r Zauberer** : r Magier.

Der Gestiefelte Kater

Endlich kam der Kater an einen prächtigen Wald, da standen mehr als dreihundert Leute, fällten die großen Bäume und machten Holz.

„Wem gehört der Wald, ihr Leute?"

„Dem Zauberer", antworteten die Holzfäller [1].

„Hört, gleich fährt der König vorbei und wenn er fragt, wem der Wald gehört, so antwortet: dem Grafen. Wenn ihr das nicht tut, so müsst ihr alle sterben." Nachdem der Kater mit den Holzfällern gesprochen hatte, lief er eilig weiter zum Schloss des Zauberers.

Der König aber war mit dem Grafen und der Prinzessin weiter spazieren gefahren und kam zu dem großen Feld. „Wem gehört das Korn?", fragte der König.

„Dem Herrn Grafen", riefen alle, wie der Kater ihnen befohlen hatte.

„Ihr habt da ein schönes Stück Land, Herr Graf", sagte der König.

---

1. **r Holzfäller** : dieser Mann fällt Bäume.

Textverständnis

1 **Was steht im Text? Bitte kreuze an.**

	R	F
1. Der Kater kam zu einem Kornfeld.	☐	☐
2. Das Kornfeld war klein.	☐	☐
3. Viele Bauern arbeiteten auf dem Kornfeld.	☐	☐
4. Das Kornfeld gehörte dem Zauberer.	☐	☐
5. Der Kater kam an einen Wald.	☐	☐
6. Der Wald gehörte auch dem Zauberer.	☐	☐
7. Die Bauern sagten dem König, dass das Kornfeld dem Zauberer gehört.	☐	☐

2 **Eine Frage zum Text**
Was sollen die Bauern und die Holzfäller sagen, wenn der König vorbeifährt?

Die Bauern sollen sagen, dass ....

Die Holzfäller sollen sagen, dass ....

Grammatik

3 **Präteritum**
Bitte ergänze die Tabelle.

	stehen	**schneiden**	**befehlen**
ich	stand		
du		schnitt(e)st	befahlst
er			
ihr			befahlt

32

4 Trage die Imperativformen in die Tabelle ein

Verb	du	ihr	Sie
hören	hör!	hört!	hören Sie!
sprechen			
kommen			
gehen			
laufen			
essen			
nehmen			
fahren			
sehen			
machen			

Wortschatzarbeit

5 Welches Wort passt nicht?

1. König – Graf – Müllersohn – Kaiser
2. Kater – Zauberer – Esel – Fasan
3. Mühle – Bauer – Holzfäller – Müller
4. Schloss – Burg – Kutsche – Haus

6 Auch Tiere können sprechen
Kennst du die Laute der Tiere? Suche den richtigen Laut in der
Wort–Kiste!

> miau – muh – wau wau – kikeriki – iah

1. Der Hund macht ....
2. Die Katze macht ....
3. Der Esel macht ....
4. Der Hahn macht ....
5. Die Kuh macht ....

Natürlich gibt es für die Laute auch Verben. Arbeite jetzt mit
dem Wörterbuch und suche für jedes Tier das richtige Verb.

> bellen – krähen – schreien
> miauen – muhen

1. Der Hund ....   4. Der Hahn ....
2. Die Katze ....   5. Die Kuh ....
3. Der Esel ....

Hörverständnis

8 **7** Wie geht's weiter?
Höre den Text von der CD und ergänze die fehlenden Satzteile.

1. Das Kornfeld war so groß, ...
2. Auf die Frage, „...", sollten sie sagen:
   „...".
3. „Wenn ihr das nicht macht, ..."
4. Nachdem der Kater mit den Holzfällern gesprochen hatte,
   ....
5. „Herr Graf, ...", sagte der König.

Kapitel 5

Bald kam der Kater zum Schloss des Zauberers. Da der Kater sehr mutig [1] war, ging er ohne Angst ins Schloss hinein und suchte den Zauberer.

1. **mutig** : keine Angst haben.

Der Gestiefelte Kater

Bald hatte er auch schon den Zauberer gefunden. Er trug einen langen schwarzen Mantel, einen schwarzen spitzen Hut, hatte lange weiße Haare und sah sehr böse aus. Der Zauberer sah den Kater von oben bis unten an und fragte ihn unfreundlich: „Was willst du?" Der Kater sagte ohne Angst: „Ich habe gehört, dass du dich in jedes Tier verwandeln [1] kannst. Ich bin gekommen und möchte das sehen." Der Zauberer sagte stolz: „Das ist eine Kleinigkeit", und verwandelte sich... in einen Löwen. „Oh, toll", sagte der Kater, „da habe ich ja richtig Angst bekommen. Aber sag mal, kannst du dich auch in eine Maus verwandeln?" Da lachte der Zauberer laut und sagte: „Nichts leichter als das", und verwandelte sich... in eine Maus. Zu spät erkannte [2] der Zauberer, dass er einen großen Fehler gemacht hatte.

Der Kater aber tat einen Sprung und fraß [3] die Maus ganz auf. Dann sah er sich alle Zimmer im Schloss genau an.

1. **sich verwandeln** : sich ändern, eine andere Person werden.
2. **erkennen** : verstehen.
3. **fressen** : essen (Tiere).

Textverständnis

1 **Was steht im Text? Bitte kreuze an.**

	R	F
1. Der Kater ging ins Schloss des Zauberers.	☐	☐
2. Der Zauberer war ein freundlicher, alter Mann.	☐	☐
3. Der Kater hatte Angst vor dem Zauberer.	☐	☐
4. Der Zauberer verwandelte sich in einen Löwen und der Kater hatte Angst.	☐	☐
5. Der Zauberer verwandelte den Kater in eine Maus und fraß sie auf.	☐	☐

Einige Sätze sind inhaltlich nicht richtig. Bitte korrigiere sie.

Wortschatzarbeit

2 **Arm oder reich?**
Ordne jeder Person eine oder zwei Eigenschaften zu und trage sie in die Tabelle ein.

Müllersohn	Kater	König	Königs-tochter	Zauberer

gut – mutig – arm – schön
reich – unfreundlich – schlau – böse

Wer findet die Wörter?

5 Hier haben sich 10 Wörter versteckt.
Suche sie waagerecht →, senkrecht ↓ und diagonal ↘! Findest
du sie?

M	F	H	H	G	H	J	K	L	M
U	Z	A	U	B	E	R	E	R	C
T	W	A	T	M	A	N	T	E	L
I	V	R	N	B	N	M	J	K	L
G	X	E	Z	G	Y	U	L	H	H
X	X	M	A	U	S	Z	Ö	Z	B
F	E	H	L	E	R	T	W	X	C
V	E	R	W	A	N	D	E	L	N

Grammatik

6 Wichtige Präpositionen: *in*, *nach*, *zu*. Setze die richtigen
Präpositionen und die Artikel/-endungen ein.

> in der – nach – in den – zum
>
> in den – in der – in die

1. Der Kater geht .... Wald.

2. Der Müllersohn arbeitet .... Mühle.

3. Der Kater geht .... Schloss des Königs.

4. Der Müllersohn springt .... See.

5. Die Königstochter sitzt .... Kutsche.

6. Der Kater bringt die Fasane .... Küche.

7. Der Müllersohn ist jetzt reich, er kann .... Amerika fahren.

Wie ist die Regel?

Schreibschule

7 Aus dem Terminkalender des Gestiefelten Katers.
Der Kater hat viel an einem Tag erlebt. Schreibe, was er alles
gemacht hat und benutze das Perfekt.

8:00 Uhr: Fasane zur Schlossküche bringen

10:00 Uhr: mit dem Müllersohn zum See gehen, auf die Kutsche des Königs warten

10:45 Uhr: mit den Bauern sprechen

11:15 Uhr: mit den Holzfällern sprechen

11:35 Uhr: zum Schloss des Zauberers gehen, den Zauberer reinlegen

11:45 – 12:00 Uhr: sich das Schloss ansehen

13:00 Uhr: ....

20:00 Uhr: ....

Was hat der Kater wohl gemacht?

Beginne so: Um 8.00 Uhr hat der Kater ...

Kapitel 6

er Kater wartete ungeduldig auf die Kutsche des Königs und sah sich alle Zimmer im Schloss an. Endlich kamen der König, die Königstochter und der Müllersohn an. Der Kater stand oben auf der Schlosstreppe, und als der Wagen unten hielt, sprang er herab, machte die Tür auf und sagte: „Herr König, Ihr gelangt [1] hier in das Schloss meines Herrn, des Grafen. Er freut sich sehr über Euren Besuch."

Der König stieg aus und wunderte sich über das prächtige Gebäude. Das war fast größer und schöner als sein Schloss. Der Kater zeigte ihnen alle Zimmer des Schlosses, und zum Schluss führte er sie in einen großen

---

1. **gelangen** : kommen.

Der Gestiefelte Kater

Saal. Dort gab es ein köstliches Mittagessen. Der König aß und trank und nach sechs Gläsern Wein sagte er zum Müllersohn: „Ja, also, wenn du meine Tochter heiraten willst, ich habe nichts dagegen [1]". Der Müllersohn und die Königstochter waren einverstanden, und am nächsten Tag wurde die Hochzeit gefeiert.

Der Kater war auch sehr glücklich, denn jetzt musste er keine Mäuse mehr fangen. Als der König starb, wurde der Müllersohn König, und er ernannte den Kater zum Ersten Minister.

---

1. **nichts dagegen haben** : einverstanden sein.

Textverständnis

1 **Was steht im Text? Bitte kreuze an.**

		R	F
1.	Der Kater wartete auf die Kutsche des Königs.	☐	☐
2.	Der Kater zeigte dem König das Schloss.	☐	☐
3.	Dem König gefiel das Schloss nicht.	☐	☐
4.	Es gab ein gutes Mittagessen im Schloss.	☐	☐
5.	Der König gab dem Müllersohn seine Tochter zur Frau.	☐	☐
6.	Der Müllersohn wurde am nächsten Tag König.	☐	☐
7.	Der Kater fing jeden Tag Mäuse.	☐	☐

Einige Sätze sind inhaltlich nicht richtig. Bitte korrigiere sie und schreibe sie richtig.

2 **Am Tag nach ihrer Hochzeit schreibt die Königstochter an ihren Ex-Verlobten.**

Lieber Franz,
leider können wir uns nicht mehr sehen. Ich bin sehr
unglücklich. Vor zwei Tagen habe ich mit meinem Vater eine
Spazierfahrt gemacht. An einem See trafen wir den Grafen
von Carabas. Es ist ein alter, hässlicher Mann. Mein Vater
kennt ihn schon seit vielen Jahren. Er lud uns in sein Schloss
ein. Das Schloss ist sehr klein und dunkel. Dort servierte er
uns ein schlechtes Mittagessen. Mein Vater trank sehr viel und
sagte: „Graf, Sie können meine Tochter heiraten." Der Graf
war sofort einverstanden. Ich natürlich nicht. Er gefällt mir
gar nicht. Nun bin ich verheiratet und sehr, sehr unglücklich.
Franz mein Liebster, leb wohl,
deine unglückliche Königstochter

Die Königstochter lügt natürlich. Was erzählt sie nicht richtig?

Wortschatzarbeit

3 Ergänze den Wortigel. Du kannst auch mit dem Wörterbuch
arbeiten.

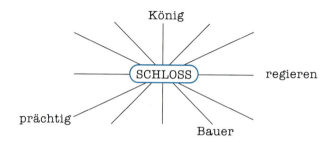

König

SCHLOSS —— regieren

prächtig

Bauer

Schreibschule

4 Meine Hochzeit

Stell dir vor, du bist die Königstochter/der Müllersohn und
schreibst an einen Freund/eine Freundin über deine Hochzeit.
Die Wörter in der Wort-Kiste können dir helfen.

> heiraten – tanzen – essen – trinken – feiern
>
> weißes Kleid – schwarzer Anzug – Orchester – Gäste – Kirche

Liebe/r, ...
vor einer Woche ....
....
....
....
....
....
....
....

Zur Geschichte des Gestiefelten Katers

Die Brüder Grimm hatten das Märchen vom Gestiefelten Kater von einer Freundin gehört. Die Mutter dieser Freundin stammte [1] aus Frankreich. Ursprünglich findet sich das Märchen in der Märchensammlung von Perrault, einem französischen Gelehrten und Schriftsteller aus dem 17. Jahrhundert (1628-1703). Perraults Märchensammlung gehört zu den „Feenmärchen": in fast allen Märchen gibt es gute oder böse Feen oder beides. Im „Gestiefelten Kater" übernimmt der Kater die Rolle der guten Fee, er sagt Gutes voraus [2] und sorgt mit Schlauheit dafür, dass sich das Gute auch ereignet [3].

Die frühen Märchensammlungen waren nicht für Kinder geschrieben, sondern für die Damen und Herren der höfischen Gesellschaft. Sie fanden in den Märchen eine lustige Gegenwelt, z.B. ein armer Müllersohn auf dem Weg nach oben, und gleichzeitig gab es Anspielungen [4] auf ihre Welt der Konventionen und Etikette.

Die Brüder Grimm nahmen das Märchen in die erste Auflage [5] ihrer Sammlung auf und orientierten sich an dem gleichnamigen Märchenspiel von Ludwig Tieck aus dem Jahre 1797.

---

1. **stammen** : kommen.
2. **voraussagen** : etwas sagen, das in der Zukunft passiert.
3. **sich ereignen** : passieren.
4. **e Anspielung** : versteckt auf etwas hinweisen.
5. **e Auflage** : e Ausgabe.

Märchenquiz I

Wie heißen die Märchen?
Sicherlich kennst du dich gut in Märchen aus. Finde für jede
Abbildung den richtigen Titel, den richtigen Text und trage sie
dann in die Tabelle ein.

Titel

1. Schneewittchen und die Sieben Zwerge

2. Rotkäppchen

3. Der Froschkönig

4. Hänsel und Gretel

5. Die Bremer Stadtmusikanten

Text

A   Ein hässlicher Frosch verwandelt sich in einen schönen
Prinzen.

B   Eine böse Stiefmutter führt die Kinder in den Wald und
eine Hexe will den Jungen braten.

D   Vier Herren jagen ihre Tiere weg, und die wollen dann
Musikanten werden.

E   Ein schönes Mädchen isst einen vergifteten Apfel.

F   Ein böser Wolf frisst die Großmutter eines kleinen
Mädchens.

Titel					
Text					

Märchenquiz II

Wie heißen diese Märchenfiguren?
Welche Eigenschaften haben sie? Arbeite mit dem Wörterbuch.

Merkmale eines Volksmärchens

Aufbau

Die meisten Märchen haben drei Teile: die Situation am Anfang – der Weg des Helden – die Lösung. Am Anfang muss der Held oft seine Eltern, sein Dorf verlassen oder wird schlecht behandelt und geht weg. Im Mittelteil muss der Held viele Proben bestehen. Oft helfen ihm sprechende Tiere, gute Feen oder ein Zaubermittel. Er muss um sein Leben kämpfen und oft weit reisen. Im dritten Teil siegt er oder er wird befreit. Er heiratet eine Königstochter und wird König oder er kehrt ganz einfach wieder nach Hause zurück und ist glücklich und zufrieden. Das Böse wird bestraft.

Sprache

Die Sprache ist eine realistische, gesprochene Sprache. Im Märchen wird häufig die direkte Rede gebraucht: sie hebt die zentrale Situation hervor. Am Anfang eines Märchens steht meistens der Satz „Es war einmal" und am Ende des Märchens „Und wenn sie nicht gestorben sind, dann leben sie noch heute".

Charakterisierung

Märchenfiguren haben keinen individuellen Charakter. Sie sind entweder gut oder böse. Der Held ist auch oft einsam und arm. Meist ist der Märchenheld ein Kind, oft auch das jüngste oder das ärmste Kind.

Kontrast

Märchenfiguren sind keine richtigen Menschen. Sie sind niemals mittelmäßig, denn das Märchen verlangt Extreme und Kontraste. So sind Märchenfiguren gut oder böse, arm oder reich, schön oder hässlich, tapfer oder feige, dumm oder schlau.

Ort und Zeit

Im Märchen fehlen genaue Angaben über Ort und Zeit. Das Märchenland ist anonym und der Held wird nicht älter.

Realistische und magische Welt

Es gibt im Märchen nur eine Dimension. Menschen können zaubern und Tiere können sprechen. Der Märchenheld wundert sich nicht darüber, es ist für ihn nichts Besonderes. Realistisches und Magisches liegen auf einer Ebene.

Zahlen-Symbole

Die Zahlen 3, 7 und 12 spielen im Märchen eine große Rolle. Der Held muss drei Aufgaben lösen, Formeln und Sprüche werden dreimal wiederholt. Dinge oder Personen erscheinen dreimal.

Auch die 7 ist eine wichtige Zahl. Manchmal muss der Held sieben Jahre das gleiche tun oder sieben Gestalten tauchen auf und helfen ihm. In einigen Märchen kommt die Zahl 12 vor, z.B. die zwölf Schwäne oder die zwölf Brüder. Andere Märchen benutzen die halbe 12, nämlich die 6. Ein Märchen der Brüder Grimm heißt: Sechse kommen durch die ganze Welt. Die Zahlen haben Symbolcharakter. Das Vaterunser hat sieben Bitten, die katholische Kirche kennt sieben Sakramente. Das Alte Testament der Bibel nennt zwölf Stämme Israels und das Neue Testament nennt zwölf Jünger Jesu. Die Zahl 3 steht für die Dreieinigkeit. Die Zahl 7 steht aber auch für sieben Wochentage, sieben Farben, sieben ganze Tonstufen in der Musik und die Zahl 12 für die zwölf Monate.

Metalle und Minerale

Gold, Silber, Glas, Diamanten und auch Steine spielen in fast allen Märchen eine Rolle. Häuser und Schlösser aus Gold, Glas oder Diamanten, Gold fällt vom Himmel oder Menschen und Tiere werden plötzlich zu Gold oder Silber. Zur Strafe können sie aber auch in Stein verwandelt werden.

1 Frage:
Der Gestiefelte Kater ist ein Märchen. Wie erkennst du, dass es sich um ein Märchen handelt? Nenne Beispiele aus dem Text.

Lesen

1 **Du liest in einer Zeitschrift folgenden Text. Der Text hat fünf Lücken (…). Finde für jede Lücke das passende Wort und schreibe es in die Lücke.**
Achtung: nur fünf Wörter sind richtig!

Aufgewachsen ist er in einer Mühle. Jetzt lebt er in einem Schloss. Nun muss er nicht mehr schwer [1].................. und hat viel Freizeit. In der Freizeit geht er [2].................. Hobbys nach. Er spielt gern [3].................., geht mit seinem Kater spazieren und hört [4].................. Musik. Discomusik gefällt ihm sehr gut. Manchmal gehen er und die Königstochter am Wochenende in die Disco. Der Kater muss dann zu hause bleiben. Denn Katzen [5].................. nicht in die Disco.

> lebt – seinen – dürfen – Fußball – bleiben – viel
>
> arbeiten – Rad – sehr – können – ihren

Hören

2 **Du möchtest heute Abend mit deiner kleinen Schwester ins Kino gehen. Du rufst beim Kino an und hörst das Tonband. Hör gut zu und notiere die Informationen. Du hörst den Text zweimal.**

ASTRA

Titel: ....

Beginn: .... Uhr

Kartenpreis: .... und ....

Adresse: ....

Infonummer: ....

Schreiben

3 Die Königstochter heiratet morgen, aber am Abend vor ihrer Hochzeit möchte sie noch eine Party geben. Sie schreibt eine Einladung an ihre Freunde und Freundinnen. Was schreibt sie? Schreibe ca. 50 Wörter! Die folgende Liste kann dir helfen.

Datum? ....

Uhrzeit? ....

Adresse? ....

Telefonnummer? ....

Bus? ....

Was mitbringen (Essen, Trinken, Freunde, CD's, ...) ? ....

Sprechen

4 Du bist mit deiner Freundin/deinem Freund zur Hochzeit der Königstochter eingeladen. Du suchst mit deiner Freundin/deinem Freund ein Geschenk.
Diskutiere mit deiner Freundin/deinem Freund die Vorschläge und wähle ein Geschenk aus. Bereite das Gespräch vor. Du hast zehn Minuten Zeit.

Das Tapfere
SCHNEIDERLEIN

Kapitel 1

13

An einem Sommermorgen saß ein Schneiderlein am Fenster und nähte. Eine Bauersfrau kam die Straße entlang und rief: „Gut Mus! Gut Mus [1]!"

Da schaute das Schneiderlein zum Fenster hinaus und rief: „Kommen Sie hier herauf, hier können Sie Ihre Ware verkaufen."

Die Frau stieg die drei Treppen mit ihrem schweren Korb zu dem Schneider hinauf und packte die Marmeladentöpfe vor ihm aus. Er sah sie alle an, hielt die Nase an jeden Topf und sagte endlich:

„Liebe Frau, geben Sie mir doch 125 Gramm."

1. **s Mus** : e Marmelade.

Das Tapfere
SCHNEIDERLEIN

Die Frau gab ihm die Marmelade, ging aber ganz ärgerlich fort, denn sie hatte keinen guten Verkauf gemacht.

Der Schneider aber holte das Brot aus dem Schrank, schnitt ein Stück ab und strich das Mus darauf. „Bevor ich esse, will ich aber erst die Jacke fertig machen."

Also legte er das Brot neben sich und nähte weiter. In der Zwischenzeit kamen viele Fliegen und setzten sich auf das Brot, denn das süße Mus schmeckte ihnen besonders gut. „Ei, wer hat euch eingeladen?", sprach das Schneiderlein und jagte die Fliegen fort. Die Fliegen aber verstanden kein Deutsch und ließen sich nicht wegjagen. Da wurde der Schneider wütend, nahm einen Lappen [1] und schlug die Fliegen tot. Dann zählte er die toten Fliegen: Es waren sieben.

„Was bist du für ein Kerl?", sprach er zu sich selbst und bewunderte seine Tapferkeit [2]. „Das soll die ganze Stadt erfahren." Eilig nähte sich das Schneiderlein einen Gürtel [3] und auf den Gürtel stickte [4] es mit großen Buchstaben „Sieben auf einen Streich!"

„Ach was, die Stadt!" sprach es weiter, „die ganze Welt soll es erfahren!" Das Schneiderlein band sich den Gürtel um, steckte einen alten Käse in die Tasche und ging los. Vor dem Haus fand es einen Vogel und steckte ihn auch in die Tasche. Nun machte sich das Schneiderlein tapfer auf den Weg.

---

1. **r Lappen** : ein Stück Stoff zum Putzen.
2. **e Tapferkeit** : r Mut.
3. **r Gürtel** : breites Band zum Festhalten der Kleidung.
4. **sticken** : Figuren auf einen Stoff nähen.

Textverständnis

1 **Kreuze an.**

		R	F
1.	Ein Schneider sitzt am Fenster und näht.	☐	☐
2.	Eine Bauersfrau verkauft Marmeladenbrote.	☐	☐
3.	Der Schneider kauft 125 g Marmelade.	☐	☐
4.	Der Schneider macht sich ein Brot mit Marmelade und isst es sofort.	☐	☐
5.	Viele Fliegen setzen sich neben das Brot.	☐	☐
6.	Den Fliegen schmeckt die Marmelade gut.	☐	☐
7.	Der Schneider mag keine Fliegen auf seinem Marmeladenbrot.	☐	☐
8.	Der Schneider schlägt die Fliegen tot.	☐	☐
9.	Die ganze Welt soll erfahren, dass der Schneider tapfer ist.	☐	☐
10.	Der Schneider steckt einen Käse in seine Tasche und macht sich auf den Weg.	☐	☐

2 **Eine Frage zum Text**
Was bedeutet wohl der Satz „Sieben auf einen Streich" auf dem Gürtel?

....

....

....

....

Ein bisschen Grammatik

3 Im Deutschen gibt es viele Verben mit einem trennbaren Präfix. Durch das Präfix verändert sich die Bedeutung des Verbs. In der Tabelle findest du Verben mit und ohne Präfix. Trage die Bedeutung der Verben in die Tabelle ein. Arbeite mit dem Wörterbuch.

Deutsch	packen	auspacken	gehen	fortgehen	losgehen	jagen
In deiner Sprache						

Deutsch	fortjagen	wegjagen	ziehen	losziehen	tragen	forttragen
In deiner Sprache						

Welche Bedeutung haben die Präfixe *aus*, *fort*, und *los*?
Antwort:
Bilde jetzt selber Verben mit Präfixen und trage sie in die Tabelle ein.

Deutsch					
In deiner Sprache					

Wortschatzarbeit

4 Was braucht ein Schneider zum Nähen? Arbeite mit dem Wörterbuch.

Schreibschule

5 Schreibe mit Hilfe des Flussdiagramms eine Nacherzählung

Schneider am Fenster sitzen und
nähen

Bauersfrau vorbeikommen und
Marmelade verkaufen

Schneider wenig Marmelade kaufen

                                    Bauersfrau ärgerlich weggehen

Marmeladenbrot machen

                                    erst Jacke fertig nähen

Fliegen setzen sich auf das Brot

Schneider Fliegen totschlagen

                                    Schneider Fliegen wegjagen
Fliegen lassen sich nicht wegjagen

7 Fliegen tot

ganze Welt erfahren: 7 getötet

alten Käse und Vogel mitnehmen

Kapitel 2

Der Schneider stieg auf einen Berg. Ganz oben saß ein Riese [1]. Das Schneiderlein ging mutig auf ihn zu und sagte: „Guten Tag, Kamerad, du sitzt da und besiehst dir die Welt, nicht wahr? Willst du mitkommen und dir die Welt ansehen?"

Der Riese aber sah den Schneider unfreundlich an und sprach: „Du miserabler Kerl!"

Da knöpfte [2] das Schneiderlein seine Jacke auf und zeigte dem Riesen den Gürtel. Der Riese las: „Sieben auf einen Streich" und bekam ein wenig Respekt vor dem Schneiderlein. „Sicherlich hat er sieben Menschen getötet",

---

1. **r Riese** : sehr großer Mensch, r Gigant.
2. **aufknöpfen** : aufmachen.

---

dachte der Riese und sagte: „Gut, nun will ich aber mal sehen, was du kannst." Er nahm einen Stein in die Hand und drückte ihn zusammen, dass Wasser heraustropfte.

„Das mach mir nach", sprach der Riese, „wenn du kannst."

„Kein Problem!", sagte das Schneiderlein, griff in die Tasche, holte den weichen Käse heraus und drückte ihn, dass der Saft herauslief.

Der Riese konnte es nicht glauben, nahm einen Stein und warf ihn so hoch, dass man ihn kaum noch sehen konnte.

„Nun, du Männchen, das mach mir nach."

Der Schneider griff in die Tasche, nahm den Vogel und warf ihn in die Luft. Der Vogel war froh über seine Freiheit und flog weg.

„Werfen kannst du gut", sagte der Riese, „aber kannst du auch etwas tragen?" Er führte das Schneiderlein zu einem Baum und sagte: „Wenn du stark genug bist, dann hilf mir. Wir tragen den Baum zusammen aus dem Wald."

„Gerne", antwortete das Schneiderlein, „trag du nur den Stamm, ich will die Äste tragen, das ist doch das Schwerste."

Der Riese nahm den Stamm auf die Schulter, der Schneider aber setzte sich auf einen Ast. Nach einer Weile kamen sie an einem Kirschbaum vorbei. Der Riese bog die Äste mit den Kirschen herab [1] und gab sie dem Schneider in die Hand. Das Schneiderlein war aber viel zu schwach,

---

1. **herabbiegen** : nach unten ziehen.

Das Tapfere
SCHNEIDERLEIN

es konnte die Äste nicht halten. Der Riese ließ die Äste los, und das Schneiderlein flog durch die Luft. Da sprach der Riese: „Was, du kannst nicht mal die dünnen Äste halten?"

„Kraft habe ich", antwortete das Schneiderlein, „ich bin über den Baum gesprungen, weil die Jäger da unten schießen. Spring nach, wenn du das kannst."

Der Riese versuchte es, aber es gelang ihm nicht, und so siegte das Schneiderlein auch hier.

Der Riese sprach: „Wenn du so ein tapferer Kerl bist, so komm mit in unsere Höhle [1] und übernachte bei uns."

Das Schneiderlein war einverstanden und folgte ihm. Als sie in der Höhle ankamen, saßen da noch andere Riesen beim Feuer. Alle hatten ein gebratenes Schaf in der Hand und aßen. Der Riese zeigte dem Schneiderlein sein Bett. Das Bett war aber sehr groß, zu groß für das Schneiderlein. So legte es sich zum Schlafen in eine Ecke, sagte aber dem Riesen nichts. Als es Mitternacht war, kam der Riese mit einer großen Eisenstange und schlug das Bett durch. Er war ganz sicher, dass das Schneiderlein nicht mehr lebte. Am frühen Morgen gingen die Riesen in den Wald und hatten das Schneiderlein ganz vergessen. Aber auf einmal kam es ganz lustig angelaufen. Die Riesen liefen eilig fort, denn nun hatten sie vor dem Schneiderlein Angst.

1. **e Höhle** : Wohnung der Riesen.

Textverständnis

1 **Was ist bisher passiert? Bitte kreuze an.**

		R	F
1.	Der Schneider kommt zu einem Berg, dort sitzt ein Riese.	☐	☐
2.	Der Riese glaubt, dass der Schneider sieben Menschen getötet hat.	☐	☐
3.	Der Schneider und der Riese machen einen Wettkampf.	☐	☐
4.	Der Schneider und der Riese drücken einen Stein: Wasser läuft heraus.	☐	☐
5.	Dann werfen der Schneider und der Riese einen Stein in die Luft.	☐	☐
6.	Der Stein des Riesen fällt nicht auf die Erde zurück.	☐	☐
7.	Der Schneider soll dem Riesen einen Baum tragen helfen.	☐	☐

Einige Sätze sind inhaltlich falsch. Bitte korrigiere und schreibe sie neu.

2 **Und was ist noch passiert?**

		R	F
1.	Der Riese und der Schneider tragen den Baum aus dem Wald.	☐	☐
2.	Der Riese merkt nicht, dass der Schneider auf einem Ast sitzt.	☐	☐
3.	Der Riese springt über den Baum.	☐	☐
4.	Der Schneider übernachtet bei dem Riesen in der Höhle.	☐	☐

5. Der Riese wohnt allein in der Höhle. ☐ ☐

6. Der Schneider schläft nicht im Bett, sondern in einer Ecke. ☐ ☐

7. Der Riese will den Schneider totschlagen. ☐ ☐

8. Am Morgen steht der Schneider auf und geht in den Wald. ☐ ☐

9. Die Riesen haben Angst vor dem Schneider und laufen weg. ☐ ☐

3 **Was macht der Riese, was macht der Schneider?**
Bitte suche im Text, was der Schneider und der Riese beim Wettkampf machen, und trage die Tätigkeiten in die Tabelle ein.

Riese	Schneider
drückt einen Stein	
	wirft einen Vogel in die Luft
trägt einen Baum	
	springt über den Baum

Wortschatzarbeit

4 **Wie heißt das Gegenteil?**
In der Tabelle findest du Adjektive. Kennst du das Gegenteil?

stark	schwer	tapfer	groß	lustig	eilig

5 Komposita

Mit dem Wort „Riesen" kannst du viele neue zusammengesetzte Wörter (Komposita) bilden.

Suche die passende Kombination und schreibe sie unter das Kästchen. Achtung, zwei Wörter passen nicht.

> Hunger – klein – Rad – Durst – groß – Slalom
>
> Kraft – stark – Arbeit – Kampf – Baum – arm

Riesenhunger, ...

....

....

....

....

....

....

Welchen Artikel haben die neuen Substantive?

Hörverständnis

6 Zungenbrecher

Hör dir die Zungenbrecher auf der CD an und sprich sie dann nach.

1. Schneiders Schere schneidet scharf - scharf schneidet Schneiders Schere.

2. Wenn Fliegen hinter Fliegen fliegen, fliegen Fliegen Fliegen nach.

ÜBUNGEN

3. Hinter Herman-Hannes Haus hängen hundert Hemden raus. Hundert Hemden hängen raus hinter Hermann-Hannes Haus.

4. Am zehnten zehnten zehn Uhr zehn zogen zehn zahme Ziegen zehn Zentner Zucker zum Züricher Ziegen-Zoo.

Schreibschule

7 **Ein Zwerg hat alles gesehen!**

Im Wald leben nicht nur Riesen, sondern auch viele Zwerge. Die Zwerge mögen die Riesen nicht. Aber jetzt sind die Riesen endlich fortgelaufen, und die Zwerge sind froh.

Stell dir vor, du bist ein Zwerg und hast alles gesehen. Erzähle deinen Zwergfreunden, was passiert ist. Die Tabelle Riese/Schneider aus Übung 3 kann dir dabei helfen.

Also, gestern habe ich den Riesen mit einem kleinen, dünnen Mann gesehen. Stellt euch vor, der Riese und der Mann haben einen Wettkampf gemacht.

....
....
....
....
....
....
....
....

Kapitel 3

🎧17 **D**as Schneiderlein zog weiter, immer seiner spitzen Nase nach. Es wanderte und wanderte … und schließlich kam es in den Hof eines königlichen Palastes, und weil es müde war, legte es sich ins Gras und schlief ein. Viele Leute kamen vorbei; sie betrachteten [1] es von allen Seiten und lasen auf dem Gürtel „Sieben auf einen Streich."

„Ach", sprachen sie, „was macht der große Kriegsheld hier mitten im Frieden? Das muss ein mächtiger Herr sein."

Sie gingen zum König und erzählten ihm von dem Schneiderlein. „Das ist sicher ein wichtiger und nützlicher

---

1. **betrachten** : ansehen.

Mann, Euer Gnaden, Sie dürfen ihn um keinen Preis fortlassen. Im Krieg kann er sicherlich sehr nützlich sein." Dem König gefiel der Rat und er schickte einen von seinen Hofdienern zu dem Schneiderlein. Der Abgesandte [1] blieb bei dem Schläfer stehen, wartete, bis er die Augen aufschlug, und sagte dann: „Mein Herr, der König, möchte, dass Ihr bei ihm in den Kriegsdienst tretet."

„Deshalb bin ich hergekommen", antwortete das Schneiderlein. Also wurde es ehrenvoll empfangen und man gab ihm auch eine schöne Wohnung.

Die Kriegsleute aber wünschten das Schneiderlein tausend Meilen weit weg.

„Was soll denn werden", sprachen sie untereinander, „wenn wir Streit mit ihm kriegen und er schlägt zu, so fallen auf jeden Streich sieben. Das können wir nicht schaffen."

Also fassten sie einen Entschluss. Sie gingen alle zum König und baten um ihren Abschied.

Der König war traurig, dass er alle seine treuen Diener verlieren sollte und wollte den Schneider gerne wieder loswerden. Aber er hatte nicht den Mut, ihm den Abschied zu geben, weil er fürchtete, dass der Schneider ihn und sein Volk totschlagen und sich auf den königlichen Thron setzen könnte. So dachte der König lange nach, endlich fand er eine Lösung. Er ließ das Schneiderlein kommen und sprach zu ihm: „Weil du ein so großer Kriegsheld bist,

---

1. **r Abgesandte** : r Kurier, r Bote.

69

Das Tapfere
SCHNEIDERLEIN

will ich dir einen Vorschlag machen. In einem Wald leben zwei Riesen. Die Zwei stiften mit Rauben und Morden großen Schaden [1]. Wenn du diese beiden Riesen tötest, so gebe ich dir meine einzige Tochter zur Frau und auch das halbe Königreich. Hundert Reiter sollen mit dir ziehen und dir helfen".

„Das ist genau das Richtige für mich", dachte das Schneiderlein, „eine schöne Königstochter und ein halbes Königreich bekommt man nicht alle Tage".

„O ja", gab es zur Antwort, „die Riesen werde ich schon besiegen, aber die hundert Reiter brauche ich nicht. Sieben auf einen Streich, das ist meine Sache."

---

1.   **Schaden stiften** : viel kaputt machen.

Textverständnis

1 Was ist passiert? Bitte kreuze an.

		R	F
1.	Der Schneider ist müde und schläft im Hof eines Königs.	☐	☐
2.	Die Leute denken, dass der Schneider ein mächtiger Mann ist.	☐	☐
3.	Der König bietet dem Schneider seine Kriegsdienste an.	☐	☐
4.	Die Kriegsleute haben Angst vor dem Schneider.	☐	☐
5.	Der König ist froh, dass alle Diener weggehen wollen.	☐	☐
6.	Der König findet den Schneider sympathisch und gibt ihm seine Tochter zur Frau.	☐	☐
7.	Der Schneider soll gegen zwei Riesen kämpfen.	☐	☐
8.	Der Schneider will nicht gegen zwei Riesen kämpfen.	☐	☐

Einige Sätze sind falsch. Bitte korrigiere sie.

Hörverständnis

(18) **2** Hör den folgenden Text von der CD und trage die fehlenden Verben ein.

Das Schneiderlein [1].................. müde und [2].................. im Hof eines Palastes ein. Während es [3].................., [4].................. viele Hofleute und [5].................. es. Auf seinem Gürtel [6].................. sie: Sieben auf einen Streich. Die Hofleute [7].................. großen Respekt vor dem Schneiderlein und [8].................. dem König von dem fremden Mann. Der König [9].................. einen Kurier zum Schneiderlein, denn er [10].................. es in seinen Dienst [11].................. Das Schneiderlein

ist sofort einverstanden und [12].................... dem Kurier zum Palast
des Königs. Der König [13]...................... ihm, dass im Wald zwei böse
Riesen [14]...................... Das Schneiderlein soll die Riesen
[15].................. . Wenn es die Riesen [16].................. hat, [17]...................
es die Königstochter [18].................... .

3 **Ein bisschen Grammatik**
**Wenn du alle Verben aus dem Hörtext eingesetzt hast, dann
setze sie jetzt in den Infinitiv und ins Perfekt!**

sein   ......*gewesen*................

schlafen   ....*geschlafen*................

....

Wortschatzarbeit

4 **Was brauche ich, was brauche ich nicht?**
**In Kapitel 1, 2 und 3 hast du viele neue Vokabeln gelernt. Einige
brauchst du bestimmt noch öfter, andere wahrscheinlich nicht.
Trage die Wörter aus der Wortkiste in die Tabelle ein.**

Brauche ich	Brauche ich vielleicht	Brauche ich nicht

nähen – abschneiden – erfahren – fortjagen – empfangen

r Riese – e Freiheit – e Ware – r Gürtel – s Mus

e Tapferkeit – r Palast – r Frieden – r Krieg – r Rat

e Lösung – r Abschied – e Fliege

Kapitel 4

🎧 19

Das Schneiderlein zog aus, und die hundert Reiter folgten ihm. Schließlich kamen sie an den Waldrand und da sprach das Schneiderlein zu seinen Begleitern: „Bleibt ihr nur hier, das mache ich schon allein."

Dann ging es in den Wald und suchte nach den Riesen. Nach einer Weile sah es die beiden Riesen: Sie lagen unter einem Baum und schliefen und schnarchten. Das Schneiderlein steckte Steine in beide Taschen und stieg damit auf den Baum. Es kletterte [1] auf einen Ast hinauf, bis es gerade über den Schläfern saß, und warf dem einen Riesen einen Stein nach dem andern auf die Brust. Der

---

1. **klettern** : steigen.

Riese spürte [1] lange nichts, doch endlich wachte er auf, stieß seinen Kameraden an und sprach: „Warum schlägst du mich?"

„Du träumst", sagte der andere, „ich schlage dich nicht."

Sie legten sich wieder zum Schlafen, da warf der Schneider auf den zweiten einen Stein hinab.

„Was soll das?", rief der andere. „Warum wirfst du Steine nach mir?"

„Ich werfe keine Steine nach dir", antwortete der erste.

Sie stritten sich eine Weile herum, doch weil sie müde waren, schliefen sie wieder ein. Das Schneiderlein fing sein Spiel von Neuem an, suchte den dicksten Stein aus und warf ihn dem ersten Riesen mit aller Kraft auf die Brust.

„Das ist zu viel!", schrie der, sprang auf und stieß seinen Kameraden gegen den Baum, dass dieser zitterte. Die beiden Riesen gerieten in Wut, sie rissen [2] Bäume aus und schlugen aufeinander los, bis sie endlich beide tot auf die Erde fielen.

Nun sprang das Schneiderlein hinab.

„Ein Glück nur", sprach es, „dass sie meinen Baum hier nicht ausgerissen haben". Dann zog es sein Schwert und gab jedem ein paar Hiebe [3] in die Brust. Dann ging es zu den Reitern und sprach: „Die Arbeit ist getan, ich habe

---

1. **spüren** : merken.
2. **ausreißen** : aus der Erde ziehen.
3. **r Hieb** : jmdm. in die Brust stoßen.

Das Tapfere
SCHNEIDERLEIN

beide getötet. Sie haben in der Not Bäume ausgerissen und gegen mich gekämpft, doch das hilft alles nichts, wenn einer kommt wie ich, der sieben auf einen Streich schlägt."

„Seid Ihr denn nicht verletzt [1]?", fragten die Reiter.

„Kein Haar haben sie mir gekrümmt", antwortete der Schneider.

Die Reiter wollten ihm nicht glauben und ritten in den Wald. Da fanden sie die Riesen in ihrem Blute schwimmen, und ringsherum lagen die ausgerissenen Bäume.

Das Schneiderlein verlangte von dem König die versprochene Belohnung [2]. Der König aber bereute sein Versprechen und wollte sich den Helden gern vom Halse schaffen.

---

1. **verletzt sein** : bluten.
2. **e versprochene Belohnung** : r Schneider soll die Königstochter und das halbe Königreich bekommen.

Textverständnis

1 **Was ist passiert? Bitte kreuze an.**

	R	F
1. Der Schneider reitet allein in den Wald.	☐	☐
2. Zwei Riesen liegen unter einem Baum und schlafen.	☐	☐
3. Der Schneider klettert auf einen Baum und wirft Steine auf die Riesen.	☐	☐
4. Ein Riese wacht auf und denkt, dass sein Kamerad ihn schlägt.	☐	☐
5. Die Riesen schlafen wieder ein.	☐	☐
6. Der Schneider wirft Bäume auf die Riesen.	☐	☐
7. Die Riesen streiten sich.	☐	☐
8. Die Riesen sind wütend und töten den Schneider.	☐	☐
9. Die Reiter glauben dem Schneider nicht, dass er die Riesen getötet hat.	☐	☐
10. Der Schneider verlangt seine Belohnung vom König.	☐	☐
11. Der König ist froh und gibt dem Schneider seine Belohnung.	☐	☐

Einige Sätze sind falsch. Bitte korrigiere sie.

Hörverständnis

2 Hör den Text von der CD. Einige Verben fehlen. Setze sie ein.

Das Schneiderlein [1].................... in den Wald. Bald [2].................... es
die Riesen. Die Riesen [3].................... unter einem Baum und
[4].................... . Das Schneiderlein [5].................... auf einen Baum
und [5].................... Steine auf die Riesen. Die Riesen [6]....................
[7].................... und [8].................... .
„Was soll das?"
„Was?"
„Du schlägst mich!"
„Ich?"
„Ja, du!"
„Nein, hör auf!"
Die Riesen [9].................... wieder [10].................... . Aber das
Schneiderlein [11].................... weiter Steine auf die Riesen. Da
[12].................... die Riesen wieder [13].................... und [14]....................
„Was soll das?"
„Was?"
„Du schlägst mich! Jetzt ist Schluss!" Wütend [15].................... der
eine Riese einen Baum und [16].................... ihn auf den Kopf seines
Kameraden. Die Riesen [17].................... sich so lange, bis sie tot
[18].................... . [19].................... das Schneiderlein die
Königstochter?

3 Ein bisschen Grammatik
Hast du den Text von der CD gehört und alle Verben eingesetzt?
Gut! Wie heißen die Verben im Infinitiv?

ritt   reiten

sah   ....

....

Wortschatzarbeit

4 **Welche Bedeutung haben folgende Redewendungen? Arbeite mit dem Wörterbuch.**

1. jemandem ein Haar krümmen
2. sich jemanden vom Hals schaffen
3. jemanden auf den Arm nehmen
4. einem Ding/einer Sache einen Riegel vorschieben

Trage die Bedeutung in die Tabelle ein. Zwei Bedeutungen passen nicht.

a. sich über jemanden lustig machen
b. sich von jemandem befreien
c. sich über jemanden ärgern
d. jemandem etwas Böses tun
e. jemanden töten
f. etwas beenden

1	2	3	4

Wie heißen die Redewendungen in deiner Sprache?

5 Substantive und ihre Verben
In der Wortkiste findest du einige Substantive. Wie heißen die Verben dazu?

> r Reiter – r Begleiter – r Schlaf – r Streit
>
> s Spiel – r Kampf – e Arbeit

Kapitel 5

Du erhältst meine Tochter und auch das halbe Reich", sagte der König, „wenn du noch eine Heldentat vollbringst. In dem Wald lebt ein Einhorn [1]; es richtet großen Schaden an. Das musst du erst einfangen."

„Vor einem Einhorn habe ich noch weniger Angst als vor zwei Riesen; sieben auf einen Streich, das ist meine Sache." Das Schneiderlein nahm einen Strick und eine Axt, ging in den Wald und ließ die Jäger am Waldrand warten. Es brauchte nicht lange zu suchen, das Einhorn kam bald und sprang auf den Schneider los. „Langsam, langsam", sprach er, „so schnell geht das nicht", blieb stehen und wartete, bis das Tier ganz nahe war, dann sprang er hinter einen Baum. Das Einhorn

---

1. s Einhorn :

Das Tapfere
SCHNEIDERLEIN

rannte mit aller Kraft gegen den Baum und spießte sein Horn so fest in den Stamm, dass es nicht genug Kraft hatte und das Horn nicht wieder herausziehen konnte; so war das Tier gefangen. Der Schneider kam hinter dem Baum hervor, legte dem Einhorn den Strick erst um den Hals, dann schlug er mit der Axt das Horn aus dem Baum und brachte das Tier dem König.

Der König wollte ihm den versprochenen Lohn immer noch nicht geben und stellte eine dritte Forderung. Der Schneider sollte ihm vor der Hochzeit erst ein Wildschwein fangen; das richtete in dem Wald großen Schaden an; die Jäger sollten ihm helfen.

„Gerne", sprach der Schneider, „das ist ein Kinderspiel, denn sieben auf einen Streich, das ist meine Sache."

Die Jäger nahm er aber wieder nicht mit in den Wald. Als das Schwein den Schneider erblickte, lief es wütend auf ihn zu und wollte ihn zu Boden werfen. Zum Glück war in der Nähe eine Kapelle. Der Schneider sprang in die Kapelle und gleich oben zum Fenster wieder hinaus. Das Schwein aber war hinter ihm hergelaufen. Der Schneider lief schnell um die Kapelle herum, schlug die Tür zu, und das wütende Tier war gefangen. Das Schneiderlein rief die Jäger herbei; die mussten den Gefangenen mit eigenen Augen sehen. Der Held aber ging zum König; der musste sein Versprechen halten und ihm seine Tochter und das halbe Königreich geben. Der König wusste ja nicht, dass kein Kriegsheld, sondern ein Schneiderlein vor ihm stand. Man feierte also die Hochzeit mit großem Luxus und kleiner Freude. Das Schneiderlein aber war endlich König.

Textverständnis

1 **Was ist passiert? Bitte kreuze an.**

		R	F
1.	Der Schneider soll das Einhorn töten.	☐	☐
2.	Der Schneider hat Angst vor dem Einhorn.	☐	☐
3.	Der Schneider versteckt sich hinter einem Baum, und das Einhorn rennt gegen den Baumstamm.	☐	☐
4.	Das Einhorn ist gefangen, denn sein Horn steckt im Baum.	☐	☐
5.	Der Schneider bringt das Einhorn zum König und erhält als Lohn ein Wildschwein.	☐	☐
6.	Der Schneider und die Jäger reiten in den Wald; sie sollen ein Wildschwein fangen.	☐	☐
7.	Der Schneider lockt das Wildschwein in eine Kapelle und schließt die Tür.	☐	☐
8.	Der Schneider zeigt den Jägern das gefangene Tier.	☐	☐
9.	Der König gibt dem Schneider endlich seine Belohnung.	☐	☐
10.	Bei der Hochzeit sind alle glücklich.	☐	☐

Einige Sätze sind inhaltlich falsch. Bitte korrigiere sie.

Hörverständnis

🎧22 **2** **Höre den Text und setze die fehlenden Wörter ein.**

Das Schneiderlein bekam die ¹........................ noch nicht. Es sollte erst ein Einhorn töten. Also ging das ²........................ in den ³........................ und versteckte sich hinter einem ⁴........................ . Bald kam das ⁵........................ gelaufen und

[6]........................ gegen den Stamm. Jetzt [7]........................ sein Horn im Baum und es war [8]........................ . Das Schneiderlein brachte das Einhorn zum [9]........................ . Aber es bekam die Königstochter immer noch [10]........................ . Es musste erst ein Wildschwein fangen. Das Schneiderlein ging [11]........................ wieder in den Wald. Da kam auch schon das [12]........................ . Das Schneiderlein lief in eine [13]........................, das Wildschwein hinterher. Das Schneiderlein schloss die [14]........................ und schon konnte das Wildschwein nicht mehr hinaus. Der Schneider [15]........................ das Wildschwein zum König und endlich...

Ein bisschen Grammatik

3 **Der Kausalsatz mit *weil***
Auf die Frage warum, kannst du mit *denn* und *weil* antworten. Aber aufgepasst! Antwortest du mit *weil*, so muss das konjugierte Verb am Ende des Satzes stehen. Bilde jetzt Fragen und Antworten.

Beispiel: Warum ruft der Schneider die Bauersfrau?
            Er ruft die Bauersfrau, **weil** er Marmelade kaufen **will**.

warum	weil
Schneider Bauersfrau rufen	Welt ansehen wollen
Schneider Fliegen totschlagen	Riesen töten
	müde sein
Schneider in die Welt ziehen	sein Marmeladenbrot essen
Schneider im Hof des Königs schlafen	Kriegsheld sein
	Marmelade kaufen wollen
König Schneider in Dienst stellen	
Schneider Wald reiten	

Wortschatzarbeit

4 Was brauche ich, was brauche ich nicht?
In Kapitel 4 und 5 hast du wieder viele neue Vokabeln gelernt.
Einige brauchst du bestimmt noch öfter, andere wahrscheinlich
nicht. Trage die Wörter aus der Wortkiste in die Tabelle ein.

> r Begleiter – r Waldrand – e Wut – r Ast – e Gewalt
>
> e Belohnung – e Kraft – s Versprechen – e Forderung
>
> r Schaden – e Axt – s Einhorn – e Hochzeit – e Heldentat
>
> spüren – schlagen – sich streiten – sich wehren

Brauche ich	Brauche ich vielleicht	Brauche ich nicht

Schreibschule

5 Die Bauersfrau
Erinnerst du dich noch an die Bauersfrau aus dem 1. Kapitel?
Sie ist auch bei der Hochzeit. Sie weiß natürlich, dass das
Schneiderlein kein König ist. Was meinst du, sagt sie es?
Schreibe das Märchen zu Ende (3-5 Sätze). Vergleiche dann
deine Version mit der Original-Version.

Kapitel 6

23 N ach einiger Zeit hörte die junge Königin in der Nacht ihren Ehemann im Traum sprechen: „Junge, mach mir den Wams [1] und flick [2] mir die Hosen, oder ich will dir die Elle [3] über die Ohren schlagen." Da merkte sie, dass er ein Schneider war und klagte am anderen Morgen ihrem Vater ihr Leid. Der König tröstete sie und sagte: „Lass in der nächsten Nacht deine Schlafkammer offen. Meine Diener stehen draußen. Wenn dein Mann eingeschlafen ist, gehen sie hinein und fesseln ihn. Dann tragen sie ihn auf ein Schiff. Das bringt ihn dann weit weg." Die Frau war damit zufrieden. Ein

1. **r Wams** : e Jacke.
2. **flicken** : reparieren.
3. **e Elle** : s Metermaß.

Das Tapfere
SCHNEIDERLEIN

Diener aber hatte alles mit angehört und erzählte dem Schneiderlein den Plan.

„Dem Ding will ich einen Riegel vorschieben", sagte das Schneiderlein. Am Abend legte es sich wie immer mit seiner Frau zu Bett. Nach einer Weile stand die Frau auf, öffnete die Tür und legte sich wieder ins Bett. Das Schneiderlein aber rief mit heller Stimme: „Junge, mach mir den Wams und flick mir die Hosen, oder ich will dir die Elle über die Ohren schlagen! Ich habe sieben mit einem Streich getroffen, zwei Riesen getötet, ein Einhorn fortgeführt und ein Wildschwein gefangen. Vor euch da draußen habe ich keine Angst."

Da bekamen die Diener große Angst und liefen weg. Keiner wagte [1] sich mehr an das Schneiderlein.

Also war und blieb das Schneiderlein sein Lebtag ein König.

----

1. **sich wagen** : den Mut haben.

Textverständnis

1 Was ist passiert? Bitte kreuze an.

	R	F
1. Der Schneider spricht im Traum.	☐	☐
2. Die Königin merkt, dass ihr Ehemann ein Schneider ist.	☐	☐
3. Der König will den Schneider fesseln und wegbringen lassen.	☐	☐
4. Ein Diener informiert den Schneider.	☐	☐
5. In der Nacht öffnet die Königin die Tür.	☐	☐
6. Der Schneider schläft fest.	☐	☐
7. Die Diener hören den Schneider sprechen und haben Angst.	☐	☐
8. Niemand will mit dem Schneider kämpfen.	☐	☐
9. Der Schneider bleibt sein ganzes Leben lang König.	☐	☐

Was ist nicht richtig? Warum nicht?

Schreibschule

2 Überlege dir für jedes Kapitel einen Titel. Beschreibe dann mit 2 - 3 Sätzen den Inhalt des Kapitels.

Märchenquiz III

3 Quiz zum Tapferen Schneiderlein
Hier kannst du testen, ob du das Märchen richtig verstanden
hast. Was ist deiner Meinung nach richtig? Kreuze an.

1. Wie beginnt das Märchen?
   a. Es war einmal
   b. An einem Sommermorgen.

2. Wo spielt das Märchen?
   a. an einem nicht genau
      definierten Ort
   b. im Gebirge

3. Wer ist der Held?
   a. ein Riese
   b. ein Schneiderlein

4. Wer hilft dem Helden/der
   Heldin?
   a. die Jäger helfen ihm
   b. niemand hilft ihm, er ist
      allein

5. Was bekommt der Held am
   Ende der Geschichte?
   a. die Königstochter und das
      halbe Königreich
   b. die Königstochter

6. Welche Zahl(en) spielen hier
   im Märchen eine Rolle?
   a. 7
   b. 3 und 7

7. Wie viele Proben muss der
   Held bestehen, wenn er die
   Königstochter heiraten will?
   a. 4
   b. 3

8. Welchen Satz gebraucht das
   Schneiderlein oft?
   a. Das ist ein Kinderspiel.
   b. Sieben auf einen Streich,
      das ist meine Sache.

9. Welche Funktion hat dieser
   Satz?
   a. Das Schneiderlein will
      sich Mut machen.
   b. Das ist eine magische
      Formel.

10. Mit welchem Satz endet das
    Märchen?
    a. Und wenn sie nicht
       gestorben sind, dann leben
       sie noch heute.
    b. Also war und blieb das
       Schneiderlein sein Lebtag
       ein König.

**Kontrolliere jetzt deine Antworten. Für jede richtige Antwort
bekommst du einen Punkt.**

9-10 Punkte: BRAVO   5-6 Punkte: HM

7-8 Punkte: GUT   weniger als 5 Punkte: OH, OH

1a, 2a, 3b, 4b, 5a, 6b, 7b, 8b, 9b, 10b

Zur Geschichte des Tapferen Schneiderleins

Das Märchen vom Tapferen Schneiderlein haben die Brüder Grimm aus zwei Teilen zusammengesetzt. Zuerst hatten sie in ihre Sammlung nur den ersten Teil, den Wettkampf mit dem Riesen, aufgenommen. In der zweiten Auflage fügten sie den Kampf mit einem Einhorn und einem Wildschwein hinzu. Diese Episoden stammten aus einem Buch, das Martin Montanus 1557 unter dem Titel „Wegkürtzer" herausgebracht hatte. Die Brüder Grimm arbeiteten seine Erzählung um und fügten sie in das Märchen ein. Beide Teile passen gut zusammen, im ersten Teil geht es um die Qualifikation (Kampf gegen den Riesen) und im zweiten Teil um den Lohn (die Hand der Königstochter).

Die Geschichte war nicht nur in Deutschland, sondern auch in Indien und China sehr verbreitet. Dort steht ein ängstlicher Mann im Mittelpunkt: seine Frau will ihn loswerden und gibt ihm Giftpillen auf die Reise mit. Er tötet versehentlich mit den Pillen Riesen und wird als Held gefeiert.

Man hat diese Geschichten als Parodie auf die Heldendichtungen angesehen und die übermenschlichen Kräfte der Helden ins Komische verkehrt. Das Tapfere Schneiderlein aber ist ein Held – nicht wegen seiner Kraft und Muskeln, sondern wegen seiner List und Fröhlichkeit.

1 **Ein Märchen erzählen**
Du hast jetzt viel über Märchen gelesen und kannst nun ein eigenes Märchen erfinden. Keine Angst, es ist ganz einfach.

1. Wähle den Helden deiner Geschichte:
   ☐ ein Prinz/ eine Prinzessin
   ☐ ein armes Mädchen/ ein armer Mann
   ☐ ein Reisender
   ☐ ein Kind

2. Dein Held/deine Heldin braucht zum Glück:
   ☐ einen Schatz
   ☐ Weisheit
   ☐ Liebe/Heirat
   ☐ ein Heilmittel

3. Der Held/die Heldin bekommt Informationen oder Ratschläge:
   ☐ durch einen Traum
   ☐ durch eine Fee
   ☐ durch eine geheimnisvolle Botschaft
   ☐ durch ein altes Dokument

4. Dein Held/deine Heldin macht sich auf den Weg und trifft unterwegs einen Freund/eine Freundin. Das ist:
   ☐ ein sprechendes Tier
   ☐ ein guter Geist
   ☐ eine alte Frau/ein alter Mann
   ☐ ein Fremder

5. Auf dem Weg muss dein Held/deine Heldin Prüfungen bestehen. Welche?
   ☐ Rätsel
   ☐ unmögliche Aufgabe
   ☐ feindliche Tiere
   ☐ Räuber

6. Schließlich erreicht dein Held/deine Heldin das Reiseziel:

☐ ein Schloss
☐ ein unbekanntes Land
☐ eine Insel
☐ ein Königreich

7. An diesem Ort wohnt der Feind:

☐ ein böser König
☐ ein Ungeheuer
☐ ein Teufel
☐ ein Rivale

8. Zuerst wird dein Held/deine Heldin vom Feind ....

☐ verletzt
☐ verzaubert
☐ gefangen
☐ verjagt

9. Der Freund/die Freundin hilft deinem Helden/deiner Heldin:

☐ durch Befreiung
☐ durch Rat
☐ durch Zauber
☐ durch Heilung

10. Dein Held/deine Heldin kämpft zum letzten Mal gegen den Feind, gewinnt und bekommt...

11. Endlich kehrt der Held/die Heldin nach Hause zurück aber unterwegs wird er/sie von den Freunden des Feindes verfolgt. Erzähle das letzte Abenteuer.

12. Beende das Märchen.

Märchenrezept

2 In Märchen wird viel gekocht und gegessen. Möchtest du dieses Rezept nachkochen? Das ist sehr leicht. Probier's mal.

Pflaumenmus vom Tapferen Schneiderlein

Zutaten:

2,5 kg Pflaumen
(sehr reif)

5 Nelken

500 g Gelierzucker

1 Zimtstange

Zubereitung:
Die Pflaumen waschen, durchschneiden und entsteinen. Die Früchte mit Zucker und Gewürzen vermischen, in einen Topf geben und über Nacht durchziehen lassen. Dann die Masse einmal gut durchkochen lassen, in die Bratform des Backofens füllen, auf die mittlere Schiene schieben und bei 150 bis 170°C circa 1 1/2 Stunden eindünsten lassen. In der ersten Stunde die Backofentür etwas geöffnet lassen und ab und zu durchrühren. Wenn das Mus dick eingekocht ist, die Gewürze entfernen und das Mus in Gläser füllen.

Die Deutsche Märchenstraße

Die Deutsche Märchenstraße ist etwa 600 Kilometer lang und 65 Orte liegen auf ihrer Strecke. Diese Orte sind eng mit den Geschichten und Märchen der Brüder Grimm verknüpft.

Die Märchenstraße verläuft von Hanau (Hessen), dem Geburtsort der weltbekannten Brüder, bis nach Bremen in Norddeutschland. Zu jedem Ort der Strecke lässt sich ein Märchen erzählen oder einiges über die Lebensgeschichte der Grimms erfahren. Welches Märchen spielt in Bremen? Willst du mehr über die Deutsche Märchenstraße erfahren oder noch andere Märchen lesen? Dann suche im Internet unter dem Begriff „Deutsche Märchenstraße" oder „Märchen".

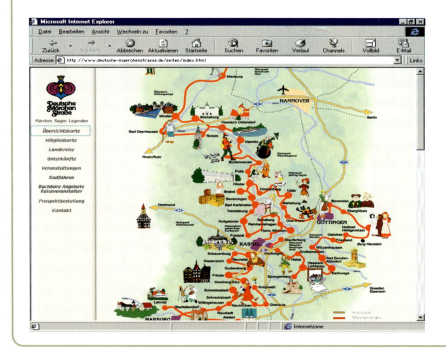